LA VRAIE VÉRITÉ

SUR M. VRIÈS

DIT

LE DOCTEUR NOIR

LA VRAIE VÉRITÉ

SUR M. VRIÈS

DIT

LE DOCTEUR NOIR

PAR

CH. FAUVEL

interne en chirurgie à l'hôpital de la Charité

PRIX 75 CENTIMES

PARIS

A. DELAHAYE | E. DENTU
23, PLACE DE L'ÉCOLE-DE-MÉDECINE | GALERIE DE VALOIS, PALAIS-ROYAL

1859

LA VRAIE VÉRITÉ

SUR M. VRIÈS

DIT

LE DOCTEUR NOIR

M. Vriès vient de publier, avec l'aide d'un compère qui a gardé un pudique anonyme, une brochure ayant pour titre : LA VÉRITÉ SUR LE DOCTEUR NOIR.

Lorsque certaines gens annoncent qu'ils vont dire la vérité, tenez-vous sur vos gardes ; car leur vérité ressemble à ces filles perdues qui profitent du carnaval pour se déguiser en vestales.

* *
*

M. Vriès aurait-il, amant infidèle, quitté la réclame des journaux politiques pour la réclame en petites brochures? Oh! non; il est homme à cultiver en même temps le journal, l'affiche et la brochure. Mais le journal, dans quelques cas, a ses inconvénients: toute personne nommée a le droit de répondre, de sorte qu'on s'expose à des démentis fort gênants lorsqu'on veut prendre des noms honorables comme garants de faits qui n'existent pas. M. Vriès en a fait la triste expérience, et chaque fois qu'il a prononcé le nom de notre illustre maître, M. Velpeau, mes collègues et moi nous avons dû lui donner des démentis complets.

Voilà pourquoi le pseudo-nègre s'est réfugié sur le terrain de la brochure, où le démenti est moins à redouter. Cette précaution sera insuffisante pour sauver les histoires qu'il a forgées, je le suivrai sur le nouveau terrain qu'il a choisi, et, armé du droit que possède tout homme d'honneur de prendre la parole dans une question d'humanité, j'examinerai avec impartialité non-seulement les écrits, mais encore les actes de Vriès.

★
★ ★

J'opposerai à sa vérité la vérité des honnêtes gens.

Puisque M. Vriès était en train de raconter son histoire, il eût dû n'en pas supprimer la partie la plus pittoresque ; car ce monsieur est comme Joconde, il a longtemps parcouru le monde, et l'on dit qu'il essuya sur sa route de nombreux désagréments. Le public aurait fort goûté les renseignements qu'il était à même de donner sur l'île de la Trinité, sur Saint-Thomas, sur

Rio-Janeiro, etc., etc. Le pseudo-docteur nous aurait peut-être raconté les causes déterminantes de son brusque départ de la capitale du Brésil, un beau pays où l'on est très-tolérant, peu collet-monté, où il devait donc fort se plaire. Puisqu'il a négligé de nous en instruire, nous allons essayer de réparer son oubli en donnant l'extrait d'une longue lettre que nous regrettons de ne pas pouvoir citer entièrement.

Voici cet extrait :

« Pendant mes missions au Brésil, le hasard m'a fait connaître et juger de très-près M. Henry Vriès, de 1852 à 1853. C'était un mulâtre de Surinam, d'abord inconnu, arrivé sans ressources et sans diplôme à Rio-Janeiro, mais qui ne tarda pas à se faire une réputation de médecin ou de sorcier. Voici comment :

« A cette époque, la fièvre jaune venait d'apparaître pour la première fois au Brésil. La ville de Rio et la baie étaient encombrées de malades; on manquait de médecins. . . . .

« Vriès fit la rencontre d'un jeune homme de mérite né aux États-Unis, M. Palmer, employé dans la très-riche maison de commerce de M. Maxwell. Or Palmer, très-lié avec des capitaines de navire de sa nation, accepta un jour, avec un laisser-aller tout américain, l'offre que lui fit très-hardiment M. Vriès de le conduire à bord des navires consignés à la maison Maxwell et d'essayer un traitement médical sur les matelots.

⁂

« M. Vriès, comme naturel de Surinam et voisin de Cayenne, se mit à traiter la fièvre jaune de la manière dont tout le monde la traite dans les colonies, même le dernier nègre, les uns par le citron, les autres par le café, etc. . . . .
. . . .
. . . . . Il en guérit aussi peu que la plupart des médecins brésiliens.

« A cette époque on parlait donc à peine de lui à Rio. Il voulut sortir de sa clientèle du port et fut encore patronné par notre ami Palmer. . . . .

« Il résolut de s'annoncer publiquement dans les journaux comme un médecin universel, ayant des remèdes infaillibles. Mais ici se présentait la difficulté insurmontable du diplôme.... cependant l'annonce très-discrète que M. Vriès paya et fit rédiger dans le *Correo mercantil* n'éveilla point du premier coup l'attention du corps médical ni de l'autorité.

⁂

« Il s'informa du nom des malades les plus riches atteints d'éléphantiasis..... Il était si ignorant en médecine et en pharmacie, que ce fut dans nos conversations peut-être qu'il saisit l'idée d'employer l'iode dans la maladie qu'il prétendait guérir..... Le reste de son procédé était de la plus curieuse naïveté.

« ..... La recette financière qui accompagnait à Rio ce traitement était celle-ci :

« 1° Un conto de reis (3,000 fr.) au début de la cure ;

« 2° Un conto de reis au milieu ;

« 3° Un conto de reis après guérison. . . . . . .

« On cita les noms des malades arrivés, disait-on, aux trois quarts de la guérison et qui s'étaient empressés de payer les deux premiers contos de reis..... Mais bientôt, de tous les malades de M. Vriès, on ne cita plus que des furieux qui crièrent dans toute la ville au charlatanisme..... Et l'éléphantiasis sembla comme auparavant incurable.

*
* *

« M. Vriès n'en avait pas moins touché 90,000 fr.... Enfin le cri devint général, et M. Vriès..... songea à disparaître de Rio.

« Voici comment il partit. Un soir, on l'avertit que

l'autorité, à laquelle il était signalé très-gravement par le corps médical même, s'était prononcée dans une affaire aussi mauvaise que la sienne, et que, sur le premier fait de l'absence de diplôme, il allait être arrêté et jugé. M. Vriès ne se fit pas répéter deux fois le même avis. Dans la nuit qui suivit, il hâta ses préparatifs de départ, se rendit à bord du premier bâtiment en partance, et croyant s'embarquer pour l'Angleterre, parce que le bâtiment était anglais, il se trouva le lendemain matin sur la route des Indes. Il allait à Java.

* * *

« Ainsi disparut le docteur Vriès de Rio-Janeiro....

« La vérité, que je viens de dire, sera répétée par tout Brésilien, par tout Portugais qui aura habité Rio de 1852 à 1853..... et la légation de Brésil pourra vous confirmer ces renseignements.....

« Pour en finir sur celui qu'on nomme aujourd'hui le *docteur noir*, M. Vriès comme médecin n'existe pas.... et sa seule singularité sera d'être venu mystifier la science dans le lieu du monde où elle était le plus respectée. »

Qu'il nous soit permis de remercier ici M. le docteur Tournié, à qui cette lettre est adressée par un de ses amis, M. L. Lh..., de l'empressement qu'il a bien voulu mettre à nous la communiquer.

Mais M. Vriès est de ces gens qui pensent que le meilleur moyen d'oublier leurs malheurs est de n'en point parler. Je comprends moins, cependant, pourquoi il répand un nuage mystérieux sur le lieu de sa naissance. Est-il de Cayenne? est-il de Java? Le docteur noir laisse à l'avenir le soin de débrouiller cette charade. C'est une pomme de discorde qu'il jette entre ces deux pays, sans se préoccuper des combats sanglants que se livreront, peut-être, un jour Cayenne et Java pour revendiquer l'honneur d'avoir édité un homme aussi prodigieux.

*
* *

Après avoir fait dans sa brochure un portrait quelque peu flatté de sa personne, il raconte la façon dont ses études médicales furent terminées à Leyde.

Ici encore M. Vriès abuse du privilége que possèdent les gens qui viennent de loin, et je me vois obligé de révéler que jamais il n'a fait aucune espèce d'études médicales pas plus à Leyde qu'autre part. Cette vérité m'a été surabondamment démontrée ainsi qu'aux nombreux médecins qui fréquentent l'hôpital de la Charité. Le prétendu docteur a montré cent fois l'ignorance la plus grossière, la plus complète, des choses médicales.

— Moi, renverser l'ancienne médecine,..... moi, faire nouvelle doctrine ; mais il n'en connaît pas l'*a b c*, pas le premier mot de cette ancienne médecine, fruit si glorieux des labeurs de nos pères!

* * *

L'autre jour M. B..., chirurgien des hôpitaux, lui disait : — Comment guérissez-vous le cancer?

— Moi, guérir par gangrène. (*Depuis qu'on lui a dit que le cancer de M. Sax était tombé en gangrène, il guérit tout par gangrène.*)

— Mais, les cancers internes?...

(*Furieux, croyant qu'on se moque de lui*) : — Cancers internes!!! cancers internes!!!

— Sans doute, les cancers internes : celui du foie, de l'estomac?

— Le cancer du foie? de l'estomac?

— Ignorez-vous qu'il existe des cancers par là?

— (*Indécis*). Cancer foie, estomac? Moi guérir cancers que moi vois ; connais pas autre chose.

* * *

Le pseudo-docteur n'a donc jamais reçu aucune espèce d'instruction médicale, et il se vante singulièrement lorsqu'il parle de ses études à Leyde.

Il n'a même pas pris la peine d'acheter un diplôme dans une de ces universités borgnes d'Allemagne qui les vendent argent comptant au premier venu qui se présente, sans lui faire subir aucun examen, sans même lui demander s'il sait signer son nom, à condition, toutefois, que les docteurs de cette fabrique iront exercer bien loin leur funèbre industrie. Ces diplômes, qui sont la honte de quelques facultés d'Allemagne, ne confèrent aucun droit, ne donnent aucune prérogative à celui qui les achète.

M. Vriès s'est donc décerné à lui-même le titre qu'il porte si pompeusement et il est docteur de sa propre intronisation. Il s'est servi du même procédé de fabrication pour ajouter à son titre de docteur, qui ne suffisait pas à son mérite, celui de prophète, d'architecte du temple du royaume du Christ, d'illuminé, de nègre, sans pour cela être ni docteur, ni prophète, ni architecte, ni illuminé, ni nègre.

Le titre pour nous n'a qu'une faible signification, et

le parchemin n'est pas toujours un sûr garant du mérite. Je passerais assez volontiers condamnation sur l'usurpation du titre, si *véritablement* il avait un secret pour guérir le cancer ou toute autre maladie rebelle aux moyens dont nous disposons, et je ne ferais que suivre en cela l'exemple de notre très-honoré maître, M. le professeur Velpeau, qui, connaissant parfaitement l'absence de diplôme, a largement ouvert à M. Vriès les portes de son hôpital et lui a confié des malades pour lesquels la science n'avait d'autre ressource que l'opération.

★★★

Nous vivons à une époque exempte de préjugés scientifiques, et la médecine, lorsqu'elle est impuissante, élève généreusement jusqu'à elle, et sans trop s'inquiéter de ce qu'il est, tout homme qui vient lui dire : « Je guéris ceux que vous laissez mourir. »

Mais si la science dans l'intérêt de l'humanité s'expose à des contacts indignes d'elle, c'est son droit, c'est son devoir, aussitôt qu'elle a acquis les preuves de la fourberie et du mensonge dont on veut la rendre victime, c'est son devoir, dis-je, de crier aux malades qui attendent avec anxiété le résultat des expériences d'où dépend leur vie : Arrêtez ! on vous trompe ;

cet homme n'est ni un messie, ni un bienfaiteur de l'humanité, c'est un imposteur exploitant sans pitié ce qu'il y a de plus sacré pour l'honnête homme, les souffrances de ses semblables : c'est un imposteur exploitant votre amour de fils, arrachant sans pitié le denier de la veuve tremblante pour la vie de son enfant; c'est l'araignée du sépulcre ourdissant ses funèbres toiles sur les pas des malades qui fuient éperdus, poursuivis par la mort!

**

Mais reprenons l'histoire des voyages et découvertes de M. Vriès, nous avons le temps de l'accabler sous le poids des résultats qu'il a obtenus de sa médication.

Copions quelques lignes de sa brochure : « L'amour
« des voyages et le désir d'étudier par lui-même les
« différentes plantes dont se servent les Indiens pour la
« guérison de certaines maladies réputées incurables
« en Europe, le portèrent à *explorer des pays à peu*
« *près inconnus avant lui*. C'est ainsi qu'il se mêle à
« plusieurs reprises à des *peuplades sauvages*, affrontant
« *tous les périls*, endurant *la faim, la soif*, le FROID et
« l'HORRIBLE CHALEUR des tropiques... » Ouf!!!

**

Vous connaissez ce refrain!... Regardez sur la place publique, voilà l'orchestre du marchand de pommade pour les cors qui finit son tapage, prêtez l'oreille....

« Messieurs et dames, j'ai découvert ce baume après
« de longs voyages parmi les sauvages, à travers mille
« périls,... etc.... »

Et plus loin, sur un modeste tabouret, ce marchand de pommade qui guérit tout : « Messieurs et dames, j'ai « découvert ce baume après de longs voyages parmi « les sauvages, à travers mille périls,.... etc., etc. »

Comme les orgues de Barbarie qui jouent tous le même air, les charlatans ont tous le même *boniment!* Tournez la manivelle, il sortira toujours des sauvages et des voyages périlleux. A-t-on jamais rencontré un seul de ces messieurs qui n'ait pas été un peu entamé par les sauvages!

Ah! monsieur Vriès! vous avez montré là le bout de... votre diplôme. Vous n'avez pas assez oublié la place publique. Voilà des sauvages qui vous feront bien du tort! Cependant il vous était si facile, à vous qui avez eu des extases, des visions et des révélations (dont nous parlerons plus tard), de trouver quelque chose de neuf et d'original. Je suppose, par exemple, que vous ayez déclaré que la recette de vos merveilleuses pilules vous avait été donnée par le prophète Ézéchiel, avec lequel vous paraissez en très-bons termes, croyez-vous qu'on les eût avalées avec moins de plaisir? Mais aller fourrer des sauvages dans cette affaire!! Il y a vingt ans que le père Patience, qui fait sa clinique sur le terre-plein de l'archevêché, ne fait plus aucun cas des médicaments des sauvages.

Nous recommandons notre idée mystique au pseudo-docteur pour la prochaine édition, revue et corrigée de ses pilules.

Mais à ce propos, savant docteur, je vous ai entendu dire plusieurs fois que vous *travailliez* UNIQUEMENT POUR LE BIEN DE L'HUMANITÉ, j'avoue même que j'avais fort envie de rire ce jour-là, moi qui connais le prix fabuleux que vous faites payer vos soins, et à des malheureux encore.

Eh bien! un de vos flatteurs a été plus loin et vous a surnommé le NOUVEAU MESSIE. Rien que cela!!!

Permettez-moi donc, ô savant *docteur!* d'être votre prophète et de répandre sur tous, les arcanes que vous avez rapportés de vos *périlleux* voyages.

Tout le monde n'a pas de cinq à trente mille francs à déposer à vos pieds pour obtenir (l'espoir de) sa guérison, et je me sens transporté, à votre exemple, d'un tel désintéressement, que je dirai à ceux qui pleins de reconnaissance me crieront « Merci ! »

Ah, mon Dieu ! ce n'est pas la peine.

*
* *

Nous allons donc faire connaître le fameux traitement du docteur noir.

Il y a deux éditions de la chose, celle de Londres et celle de Paris.

*
* *

A Londres le remède consistait en

FEUILLES D'ALOÈS MACÉRÉES DANS
DU RHUM.

Le fait est avéré, attesté par la lettre que nous publierons tout à l'heure, de M. Weeden Cooke, chirurgien de l'hôpital des cancéreux de Londres, qui vous avait admis à *travailler* dans son hôpital ; nous verrons en même temps les merveilleux résultats que vous y avez obtenus.

*
* *

L'édition de Paris est tout à fait différente ; les fameuses pilules sont faites avec du

NITRATE DE POTASSE ET DU SUCRE!!!

L'analyse en a été faite par M. Regnaud, pharmacien en chef de l'hôpital de la Charité, professeur à l'École de pharmacie et à l'École de médecine ; car vous ne savez pas, savant docteur, qu'il existe une science qu'on appelle la chimie, et que cette science montre souvent que les pilules les plus secrètes sont fabriquées avec de la graine de.... niais.

De plus j'indiquerai à la foule que lesdites pilules sont confectionnées par M. X......, pharmacien, place Vendôme, n° 23, qui vous les livre par DIX MILLE à la fois (1).

Entendez-vous, pauvres malades, cet homme vous les fait avaler par dix mille. M. le docteur Heller, membre de l'Académie de médecine, qui les a vu vingt fois fabriquer, nous le disait encore mardi dernier à l'Académie en nous donnant la formule qui est le secret de Polichinelle.

---

(1) Un élève de la pharmacie Gobley, qui était il y a trois ans chez M. X......, a déclaré qu'à cette époque la composition des pilules était la même.

* * *

Illustre *docteur*, vous avez été bien mal inspiré en allant courir tant de dangers chez les sauvages pour y découvrir le sucre qu'ils ne connaissent pas, mais que votre épicier vous aurait fourni, et le salpêtre ou nitrate de potasse que les sauvages ignorent complétement, et que vous auriez sans péril trouvé dans votre cave.

Franchement est-il permis à l'homme le plus crédule d'espérer que de pareilles niaiseries soient capables de dompter le cancer?

Cette terrible affection qui résiste aux caustiques les plus énergiques, et renaît même sous le couteau du chirurgien.

* * *

Qu'on le sache bien, ce n'est pas seulement le cancer que M. Vriès prétend guérir avec ses pilules.

Écoutez ce que disent les *Archives biographiques et nécrologiques* (novembre 1858), page 207, à propos de M. Vriès... « Dieu semble vouloir se manifester « chaque jour à notre siècle par d'éclatants mira- « cles... » Plus loin, page 208, elles énumèrent les vertus des pilules en ces termes: « Guérison *complète*,

« et *sans opération douloureuse*, des cancers invétérés,
« de l'hydropisie à tous les âges de la vie, des affec-
« tions scrofuleuses, de la phthisie, de la goutte, de la
« dysenterie, de la *cécité*, de la *paralysie*, d'un com-
« mencement *d'idiotisme*, suite d'un retard de forma-
« tion chez une jeune fille ; enfin du sarcocèle, de l'élé-
« phantiasis et de l'affreuse gangrène elle-même. »

Et l'on peut avoir confiance dans ces renseignements comme s'ils étaient signés : Vriès.

*
* *

La logique et le bon sens ne suffisent pas pour ou-
vrir les yeux des dupes, nous allons maintenant aborder
l'examen des faits. On ne raisonne pas avec les faits, ce
sont des arguments brutaux qui renversent plus sûrement que les meilleures raisons l'erreur et le mensonge.

*
* *

Mais auparavant encore un mot sur la mise en scène
de M. Vriès; car il est nécessaire de le faire admirer
sous toutes ses faces.

*
* *

Il y a trois ans M. Vriès publiait deux brochures dont nous nous bornerons à reproduire le titre.

Premier prospectus d'un ouvrage in-8, devant paraître le 15 juin 1856

SOUS LE TITRE DE

ORDRE DE DIEU
D'ÉRIGER LE TEMPLE DU ROYAUME DU CHRIST

PRÉDIT PAR SALOMON
(Chapitre VIII et IX du *Cantique des Cantiques*)

DÉCRIT PAR ÉZÉCHIEL
(Chapitre XL à XLVIII)

MANIFESTÉ EN VISION A VRIÈS

Et devant être érigé à Paris comme gage de la réconciliation entre Dieu et l'homme, entre l'Homme et son prochain

---

RÉFORME UNIVERSELLE

PAR

LA CIVILISATION ET L'UNION DES NATIONS

PARIS
CHEZ L'AUTEUR, 28, RUE DE LA FERME-DES-MATHURINS

1856

La brochure, encore plus burlesque que son titre, n'est qu'un ramassis de phrases mystiques, extravagantes, n'ayant aucune liaison entre elles. Tout cela semble sorti d'un cerveau fêlé. Il n'en est rien, M. Vriès n'est nullement fou: depuis environ six semaines je le vois tous les matins au lit des malades de la Charité; j'ai pu apprécier l'adresse de cet homme et la suite parfaite de ses idées.

*
* *

Il y avait un but caché sous ces visions apocalyptiques, et ce but le voici très-probablement : En jetant un regard sur la tourbe des médicastres, M. Vriès découvrit des somnambules, des magnétiseurs,... des Raspaillistes.... des homœopathes, etc.... mais il ne vit pas de médecins prophètes, c'était une place à prendre, et ses deux brochures écrites en bon français, toujours par un compère anonyme, furent ses ballons d'essai.

Mais à Paris on croit très-peu aux illuminés, et les prophètes ne font pas *flores*. M. Vriès rengaîna donc ses visions. Depuis ce temps il ne fut plus question du prophète Ézéchiel, et le pseudo-docteur revint à ses pilules.

*
* *

Nous avons examiné l'homme et les pilules, passons

maintenant à l'examen des faits sur lesquels sa glorieuse réputation se tient en équilibre.

Nous diviserons en deux séries les résultats obtenus par le *docteur* noir.

Dans la première nous placerons les observations relatives aux malades soignés en ville par M. Vriès. — Dans la seconde, les résultats obtenus par sa prétendue méthode dans le service et sous la surveillance des médecins des hôpitaux.

* *
*

Première série. — M. Vriès est depuis cinq ans à Paris ; depuis cinq années il vit de l'exercice illégal de la médecine et mène un train de nature à prouver que les médecins de contrebande font mieux leurs affaires que les autres. Six chevaux, dans l'écurie d'un homme qui n'est ni maquignon ni cocher de fiacre, représentent ordinairement un revenu annuel de cent mille francs. Ajoutez-y la part des compères et le coût des réclames qui doivent se payer fort cher, car les compères sont habiles et les réclames merveilleuses. Il faut voir bien des malades pour payer le picotin de tant de monde, car les malades ne donnent pas tous trente mille francs pour obtenir (l'espoir de) leur guérison.

***

M. Vriès dit bien d'abord : Moi guérir vous sûrement, mais vous donner tout de suite vingt mille francs ; vous trouver trop cher, alors dix mille francs, ou trois mille francs maintenant et trois mille francs dans quinze jours ; moi vouloir votre intérêt en faisant payer d'avance, traitement être très-long, et vous pas le suivre jusqu'au bout si vous pas avoir payé d'avance, et alors vous pas guérir. Et le bon malade s'y laisse prendre.

Les plus habiles obtiennent un rabais considérable ; je pourrais citer une pauvre femme, madame Léon, logée dans un grabat, atteinte d'un cancer du sein (**M.** Velpeau lui a donné ses soins), et qui a fait marché pour mille francs, qu'elle a eu bien de la peine à emprunter.

Il a fallu soigner un nombre considérable de malades pour gagner l'argent nécessaire à l'entretien d'une maison princière !

***

Cherchons donc dans les écrits de M. Vriès la preuve des brillants succès qu'il DIT avoir obtenus.

Lorsque le rob Boyveau parle de ses miracles, il a grand soin de les aligner les uns à côté des autres, depuis le premier jusqu'au dernier; c'est une tradition à laquelle ces guérisseurs se gardent bien de manquer. J'ai lu avec soin tout ce que M. Vriès a fait écrire sur son compte; je trouve en tout les histoires de six malades, et encore, parmi ces observations, *une seule* est relative à un cas de *cancer*.

* * *

C'est celle de M. Sax, et M. Sax, bien qu'en voie de guérison, n'est pas guéri. M. Vriès l'a AVOUÉ le 28 février, à l'hôpital de la Charité, devant moi, et dix autres témoins, parmi lesquels se trouve M. le docteur Depaul, membre de l'Académie de médecine, professeur agrégé de la Faculté, dont l'affirmation seule suffirait pour convaincre tous ceux qui connaissent la noblesse de son caractère.

Voici les paroles de M. Vriès, pressé par une argumentation inflexible : « *Eh bien, oui! Sax pas guéri encore tout à fait, mais lui prendre pilules encore trois mois, et* dans trois mois *plus du tout cancer.* »

Il faut convenir que vous avez un singulier spécifique. Quoi! depuis cinq ans, vous traitez surtout le cancer, que vous prétendez guérir toujours, et vous n'avez pas une *seule guérison à nous montrer!* Comme le phoque savant qui ne savait dire que papa! papa!

depuis deux mois vous répétez à tous les échos : Sax ! Sax ! et vous êtes forcé de reconnaître vous-même que cette guérison merveilleuse n'est qu'un grossier mensonge.

* * *

Nous aurions voulu ne pas prononcer le nom de M. Ad. Sax, mais le célèbre et honorable artiste a permis (par un motif de reconnaissance sans aucun doute très-louable) à M. Vriès de faire de son nom une enseigne pour sa boutique, un piége à prendre les dupes ; notre devoir et les intérêts des malades, qui veulent savoir la vérité, nous obligent à dévoiler les manœuvres du docteur noir et à montrer ce que valent les six observations des malades guéris et cités dans sa brochure.

* * *

D'abord examinons l'observation de M. Sax et ce qu'elle a de *miraculeux*. M. Sax avait un cancer mélanique de la lèvre supérieure avec engorgement des ganglions sous-maxillaires. MM. Ricord, Velpeau et Calvo proposent au malade l'ablation de sa tumeur ; il s'y refuse, et se remet entre les mains du *docteur* noir à la fin du mois de juin. M. Vriès donne des pilules, prescrit la diète. « Le 27 novembre, la tumeur, à l'état

« de ramollissement, tombe par *gangrène* en morceaux ;
« huit jours plus tard, toute la tumeur est tombée. »

Ce fait est assez rare dans les annales de la chirurgie ; mais nous allons en citer plusieurs exemples empruntés à différents auteurs.

* *

Dans le *Traité des maladies chirurgicales*, de Boyer, tome VII, édition de 1821, à la page 233, on lit :
« Dans quelques cas, la gangrène s'empare de la tu-
« meur cancéreuse et la sépare des parties saines. On
« a regardé cette terminaison comme un bienfait de la
« nature, et l'on s'est félicité d'un accident qui devait
« amener la guérison de la maladie..... J'ai vu un cas
« de cette espèce. Une princesse russe était attaquée
« d'un cancer au sein gauche, pour lequel elle parcourait
« depuis un an les principales villes de l'Europe, dans
« l'espoir d'y trouver du secours..... Un chirurgien
« français, qu'elle rencontra à Dresde, lui ayant per-
« suadé que les eaux de Baréges pouvaient la guérir,
« elle entreprit ce voyage, quoique épuisée par la ma-
« ladie. Durant l'usage des eaux, qu'elle prenait en
« bains et en douches, *la gangrène s'empara de la*
« *tumeur qui était très-volumineuse, et en détermina*
« *la chute*. La plaie, très-large, se cicatrisa complète-

« ment; mais bientôt des tubercules cancéreux se dé-
« veloppèrent en grand nombre dans les environs de la
« cicatrice; les symptômes généraux du cancer acqui-
« rent de jour en jour plus d'intensité, et la malade
« vint mourir à Paris, huit mois après l'événement qui
« lui avait donné l'espoir d'une guérison radicale. »

*
* *

M. Velpeau, dans son *Traité des maladies du sein*, 2ᵉ édition, 1858, page 514, au sujet de l'observation de Boyer et de la guérison du cancer par gangrène, dit : « J'en ai vu moi-même quatre exemples; mais
« la gangrène, laissant toujours sur place une partie
« du mal, ne produit point ce qu'on peut entendre par
« guérison; ce n'est qu'une sorte de destruction opérée
« accidentellement par la nature, ou plutôt par la ma-
« ladie elle-même, dont l'évolution alors se trouve mé-
« caniquement troublée. »

*
* *

Que trouve-t-on dans un livre que tous les médecins connaissent et estiment, dans le *Dictionnaire de médecine* en 30 volumes? Tome XIII, page 601 :
« Bayle et d'autres praticiens ont vu la mamelle can-
« céreuse entière tomber en gangrène, et la plaie ré-

« sultant de sa séparation guérir radicalement. »
Signé Marjolin. — Et au volume VIII, page 268, à l'article *Cancer*, signé P. Bérard : « D'énormes tu-
« meurs cancéreuses sont quelquefois tombées frappées
« de gangrène, *au grand étonnement du médecin*,
« qui ne pouvait prévoir un semblable effort de la na-
« ture et au profit du malade qui lui a dû sa gué-
« rison. »

*
* *

Mais abrégeons ces citations, et ne parlons plus que des observations du docteur Tanchou pour arriver au savant mémoire de M. Broca.

Le docteur Tanchou, dans son livre sur le *Traitement des tumeurs cancéreuses*, 1844, pages 76 à 84, rapporte six observations de tumeurs cancéreuses guéries par gangrène : la première est empruntée à M. Rigal, de Gaillac ; la deuxième à Horace Garneri, chirurgien à Turin ; la troisième n'a pas de nom ; la quatrième au baron Richerand ; la cinquième à M. Fristo ; et enfin la sixième à Dupuytren, à l'Hôtel-Dieu.

*
* *

Voici ce que nous lisons dans un mémoire couronné

par l'Académie de médecine en 1850, présenté par M. P. Broca, professeur agrégé à la Faculté de médecine et chirurgien des hôpitaux. A la page 627, au chapitre SPHAGÈLE DU CANCER : « .... *Une masse cancé-*
« *reuse peut quelquefois se détacher en bloc* : c'est ce qui
« constitue le sphacèle des tumeurs cancéreuses.

« Cet accident est exceptionnel. Van Swieten, qui
« ne l'avait jamais observé, crut pouvoir élever des
« doutes sur son existence. Aujourd'hui ces doutes ne
« sont plus possibles ; la gangrène du cancer est indi-
« quée dans la plupart des auteurs. Je n'en ai vu par
« moi-même que trois exemples, dans lesquels encore
« la gangrène ne fut que partielle ; mais j'en ai trouvé
« dans les auteurs une trentaine d'observations, rela-
« tives pour la plupart à des cancers ulcérés du sein.

* * *

« ..... La gangrène peut être *générale* ou *partielle*...
« elle peut débuter vers un point et s'étendre par irra-
« diation dans les parties environnantes. Cette dernière
« forme n'est pas rare dans le cancer. Je la désignerai
« sous le nom de *gangrène progressive*. La gangrène
« progressive peut se borner dans l'épaisseur même de
« la tumeur ; mais quelquefois elle ne s'arrête qu'après
« avoir détruit toute la substance du cancer. De par-

« tielle, la mortification devient alors générale ; c'est
« ce qui eut lieu entre autres dans une observation
« d'Abernethy. »

Tous ces faits ne prouvent-ils pas jusqu'à l'évidence que le cancer peut guérir spontanément par les seuls efforts de la nature, par la gangrène ? Et quel est le médecin instruit qui criera au miracle s'il a le bonheur de rencontrer pareil cas dans sa clientèle ?

Ah ! le bon Ambroise Paré avait bien raison de dire : « Je le pansay, Dieu le guayrit. » Mais M. Vriès, le prophète, croit ou fait semblant de croire que son malade a été guéri par son remède secret, par sa poudre, et il trouve des gens qui, n'ayant jamais étudié la question et oubliant le proverbe *Ne sutor ultra crepidam,* chantent encore plus haut que lui victoire, hosannah !

Est-ce là faire de la science ? Ce n'est pas ainsi du moins que nos maîtres vénérés nous l'enseignent.

*
* *

Un fait exceptionnel se présente, il faut l'examiner froidement sous toutes ses faces et le comparer aux faits du même genre. M. Sax s'est donc vu très-heureusement débarrassé de sa tumeur de la lèvre par la gangrène, et non par M. Vriès. Poudre et pilules n'ont pas empêché la nature de suivre sa marche. Mais qu'adviendra-t-il à M. Sax? Les deux ganglions durs et gros comme des noix se guériront-ils? c'est ce que nous désirons de tout cœur, mais ce que l'avenir décidera. La lèvre restera-t-elle cicatrisée, et la petite portion noire, grande comme une pièce de 20 centimes, disparaîtra-t-elle entièrement (1)? C'est encore là la question.

Voilà donc, sous son vrai jour, la miraculeuse guérison de M. Sax, la seule guérison de cancer que le *docteur* noir puisse nous offrir, lui qui, je le répète, prétend avoir un *antidote du cancer*. Il faut que le cancer français soit bien rebelle!

*
* *

Passons à la prétendue guérison de M. David Lévy. Il s'agit d'un malade atteint d'une tumeur *horrible*, comme dit la petite brochure, et que M. Vriès appelle éléphantiasis. Nous copions M. Vriès:

« La tumeur, qui avait diminué, augmenta et devint
« plus grosse qu'elle n'avait jamais été; elle atteignait
« cinquante-neuf centimètres. Quelques jours après,
« elle diminuait avec une rapidité surprenante. Le 10

---

(1) Car M. Sax a encore aujourd'hui sous la mâchoire deux gros ganglions, et une petite plaque noirâtre à la lèvre.

3

« janvier dernier, elle mesurait cinquante centimètres ;
« le 24 du même mois, quarante-cinq centimètres, et,
« le 2 février, quarante-deux centimètres. Plusieurs
« photographies indiquent de la manière la plus saisis-
« sante les diverses phases de cette épouvantable tu-
« meur, qui marche à grands pas à sa disparition.

« Aujourd'hui, *M. Lévy se lève,* sa mâchoire est
« droite, il parle (il ne parlait plus), son œil est rentré
« dans l'orbite ; il mange avec plaisir ; sa tumeur, de
« dure qu'elle était, s'est amollie comme une éponge ;
« sa grosseur du bras n'existe plus, *toute enflure a dis-*
« *paru ;* sa *poitrine est tout à fait libre…* c'est une *vé-*
« *ritable résurrection.* »

Je ne discuterai pas ici le diagnostic, mais je dirai : J'ai vu avec deux de mes collègues, mardi dernier 2 mars, M. Lévy, et, au lieu de trouver un homme en *pleine résurrection*, j'ai constaté que la maladie suivait sa marche progressive ; au lieu de respirer facilement, comme le dit la brochure, il respire très-difficilement ; il se plaint de souffrir beaucoup de cette oppression. La tumeur est énorme, et, au lieu de mesurer 42 centimètres de circonférence comme le 2 février, elle en mesure 56. L'œil enfermé dans l'orbite est recouvert par les paupières boursouflées ; les bras et les mains sont enflés ; l'appétit est nul, et le pouls bat 120 fois par minute. Voilà M. Lévy 2 mars.

Aujourd'hui 10 mars, M. LÉVY EST MORT !!!

***

Quelles sont donc les autres guérisons opérées par M. Vriès et citées dans sa brochure ?

Mme P..., atteinte d'ulcères scrofuleux ;

Mlle G..., atteinte d'hydropisie consécutive à une maladie du foie ;

Mme G..., atteinte de ce qu'on appelle dans le monde des rhumatismes nerveux.

En vérité, de qui se moque-t-on ici ? N'auriez-vous pas guéri aussi une dame atteinte d'un rhume de cerveau ?

Et voilà le total des GUÉRISONS du docteur noir !

Il appelle guéris ceux qui ne sont pas morts !

***

Après avoir parlé des résultats dont il se vante, parlons de ceux qu'il passe sous silence, abordons la funèbre liste des insuccès, elle est longue et nous ne citerons pas tout, il faudrait trop d'espace. Et à quoi bon ? les faits se ressemblent tous par le commencement et par la fin.

Le commencement : promesse formelle sans restriction d'une guérison complète et certaine, et *remise d'une forte somme d'argent* qui précède la première pilule.

La fin : un deuil de famille quand la maladie est une de celles qui tuent.

Prenons au hasard :

M. Gaudin du Havre était atteint d'un cancer à la lèvre inférieure. Il consulta M. Vriès qui lui promit immédiatement la guérison. — Moi guérir ! mais moi vouloir trois mille francs avant commencer. — Pas d'argent, pas de pilules.

L'argent est donné, les pilules avalées, la maladie augmente toujours. — Nouvelle demande d'argent, la maladie marche encore ; mais la fin approche ; alors...
« Vous retourner au Havre, respirer l'air natal, tumeur tomber et vous guérir. »... Deux mois après M. Gaudin était mort dans son pays, et M. Vriès avait *touché sept mille francs.*

Au mois de novembre 1857, M. Vriès se faisait prôner chez M. Mignaud (faubourg Saint-Honoré, n° 70), atteint d'un cancer à la lèvre supérieure. Il fut admis, après plusieurs démarches, à le soigner, et demanda d'abord 12,000 fr. On trouva les pilules bien chères, et l'on offrit, après un court débat, 8,000 fr. M. Vriès exigea immédiatement 2,500 fr. qui furent donnés. Au bout de trois semaines, nouvelle demande de 2,500 fr. M. Mignaud, trouvant, ainsi que tous les assistants, que la maladie n'avait fait qu'empirer, contrairement aux assertions du *docteur*, demanda un délai de quinze jours. M. Vriès ne voulut rien entendre. On lui offrit un *bon* pour la somme sur papier libre. Il s'y refusa, voulant tout de suite un billet escomptable à la Banque. Le lendemain, les 2,500 fr. furent remis; puis le *docteur* noir ne revint plus. On l'envoya chercher à plusieurs reprises : il était couché, malade; on le pria d'envoyer un confrère à sa place : il n'y voulut point consentir. Un docteur blanc fut appelé. A cette nouvelle, M. Vriès courut bien vite chez son ancien client. Mais M. Mignaud avait jugé l'homme, la confiance était perdue; il refusa les nouvelles pilules, fit le sacrifice des 5,000 fr. qu'il avait si légèrement donnés, et mourut quelque temps après.

*
* *

Écoutez l'histoire suivante :

Mme Kapelmann, rue de Provence, 36, fait venir le docteur noir et lui demande s'il peut la guérir. « Oui, moi guérir, bien sûr ; mais moi vouloir tout de suite 20,000 fr. » Si riche que soit le malade, il hésite toujours à donner pareille somme, surtout avant d'avoir obtenu un semblant d'amélioration.

M. Vriès offrit alors de toucher l'argent par tiers ; on donna donc immédiatement un premier tiers ; au bout de trois semaines nouvelle demande d'argent ; M. Kapelmann refusa nettement, disant avec raison qu'il ne payerait qu'après la preuve d'une amélioration.....

La malade mourut.... Savez-vous ce que fit le *docteur* noir ? Il menaça la famille d'un procès si l'on ne payait pas *immédiatement le second tiers des 20,000 fr. demandés*. M. Kapelmann consulta le docteur Amédée Latour qui lui répondit en souriant : Ne craignez rien, ne payez pas, il n'a aucun droit de vous faire un procès!! Et M. Vriès, qui a d'excellentes raisons pour n'en pas faire, resta tranquille.

* * *

Quatrième histoire : Un jeune enfant, phthisique au dernier degré, demeurant passage Choiseul, était entouré des soins les plus vigilants d'une famille éplorée. Les parents apprennent qu'il existe un médecin noir qui prétend guérir les poitrinaires les plus avancés ; on le fait venir à la hâte, on le bénit comme un sauveur; il demande *deux mille francs pour guérir l'enfant*, on les lui donne, et le pauvre petit malade expire DEUX JOURS APRÈS!!

*
* *

Enfin dirai-je les propositions que notre guérisseur refusa il y a quatre jours? — M. G..., aide vétérinaire aux lanciers de la garde impériale, arrive de Reims avec sa belle-mère atteinte d'un énorme cancer du sein, compliqué d'une tuméfaction du bras. Il va consulter le médecin noir, qui promet une guérison *certaine* moyennant trois mille francs touchés à l'avance. M. G... demande à réfléchir et retourne le lendemain proposer le marché suivant : J'ai, dit-il, déposé chez un avoué la somme que vous me demandez; je m'engage en présence de mes deux amis, gens d'honneur comme moi, un capitaine et un lieutenant de mon régiment, je m'engage à vous signer un bon pour toucher l'argent aussitôt qu'une amélioration matérielle, visible, une simple diminution dans le volume du bras, seront survenues. — M. Vriès refusa énergiquement!!... M. G. est venu à la Charité me raconter ce fait!!! et m'a demandé ce qu'il faut penser des cures miraculeuses du *docteur* noir?...

Tous les matins, du reste, nous voyons arriver à la visite de l'hôpital des médecins, envoyés par les malades de province, pour nous demander ce qu'on doit croire du prétendu quinquina du cancer, et ce que deviennent nos malades? Puissent les renseignements qu'ils trouveront ici éviter à d'autres confrères les fatigues d'un voyage devenu inutile !

*
* *

Nous faisons collection de faits pareils à ceux-là, et nous prions les médecins de la ville de vouloir bien nous envoyer à la Charité ceux qu'ils connaîtront, avec les dates, les sommes versées et l'adresse des malades, afin de bien montrer au public incrédule les guérisons miraculeuses de M. Vriès.

Mais l'observation de M. Gaudin n'est-elle pas suffisante pour donner une idée de la manière de *travailler* du docteur noir, une idée des sommes qu'il extorque par ses fausses promesses aux malades, par ses manœuvres frauduleuses pour leur faire croire à une guérison qu'il sait impossible?

Il y a dans le Code pénal un article 405 ainsi conçu:
« Quiconque, soit en faisant usage de faux noms, ou de *fausses qualités*, soit en employant des *manœuvres frauduleuses* pour persuader *l'existence d'un pouvoir*

imaginaire ou pour faire naître l'espérance ou la crainte d'un succès..... se sera fait *remettre ou délivrer des fonds* et aura par ces moyens escroqué ou tenté d'escroquer la totalité ou partie de la fortune d'autrui, sera puni... etc... »

Il y a en France vingt-cinq mille gendarmes qui veillent à la sûreté des personnes et des poches; eh bien! chose merveilleuse, jusqu'à ce jour il ne s'est pas encore rencontré sur la route de M. Vriès un seul gendarme assez curieux pour lui demander en vertu de quel droit il exploitait si gaillardement les souffrances de l'humanité.

Il faut avouer que le docteur noir a eu de la chance!!!

*
* *

Nous voici arrivés à la seconde série d'expériences, à celles qui ont eu lieu dans les hôpitaux et sous la surveillance des médecins.

C'est ici que les gens du monde, qui parlent toujours de l'envie des médecins contre tout ce qui n'appartient pas à leur caste, de leur opposition systématique à tout homme qui prend le titre de novateur, reconnaîtront combien ils sont injustes et avec quel empressement nous tendons la main aux choses nouvelles.

* * *

En 1853, M. Vriès se rend à Londres, il frappe à la porte de l'hôpital des cancéreux, et M. Weeden Cooke, médecin de l'établissement, lui confie *six* malades de son service. M. Vriès échoue complétement.

En 1856, le *docteur* noir se présente à l'hôpital Saint-Louis avec son prétendu spécifique, et M. le docteur Bazin, médecin de l'hôpital, lui ouvre son service pendant plus d'un an ; il ne peut guérir UN SEUL des malades qui lui sont confiés ; nous publierons plus bas la lettre de M. Deffis, chef de clinique de M. Bazin, qui le prouve.

* * *

Enfin, il y a six semaines, M. Vriès se présente à M. Velpeau qui lui confie également plusieurs malades à la Charité. Il est vrai que notre illustre maître a été victime d'une insigne supercherie ; on s'est bien gardé de lui parler du séjour à l'hôpital Saint-Louis et à l'hôpital des cancéreux de Londres. On lui affirmait que M. Sax était radicalement guéri...

Si M. Velpeau avait su qu'on avait à tout prix besoin

d'un hôpital pour faire de mensongères réclames, s'il avait su que, le lendemain du jour où il accueillait si généreusement le sieur Vriès, les journaux transformeraient ce voyageur en *un messie envoyé par la Providence*, il se serait bien gardé d'un pareil contact. Maintenant les expériences sont commencées, le professeur de la Charité les a poursuivies jusqu'ici pour enlever les derniers doutes aux gens assez crédules pour en conserver encore.

Dans cinq semaines, les trois mois seront écoulés... le docteur noir sera jugé sans appel par le public. Les médecins qui le connaissent l'ont jugé depuis longtemps.

***

Mais examinons sa conduite à l'hôpital de la Charité. Aussitôt qu'il eut mis le pied dans la salle tant désirée, il déploya toute la ruse et l'adresse d'un homme qui a beaucoup fréquenté les sauvages.

Pour commencer, il se tint dans une sage réserve, parlant le moins possible, laissant ses compères agir pour lui, veillant avec soin sur chacune de ses paroles, car il savait bien ne plus avoir affaire à ce bon public qui croit plus aux réclames qu'à l'Évangile ; ses nouveaux auditeurs étaient gens difficiles à convaincre.

Aussi M. Vriès n'ouvrait-il la bouche que fort rarement ; mais, si peu qu'il parlât, ses paroles exhalaient un parfum de crasse ignorance si pénétrant, que les infirmiers eux-mêmes en étaient incommodés.

**

L'interrogatoire qu'il fait subir aux malades n'est pas très-compliqué ni très-varié. Il dit :
— Montrez langue.
— Vous aller à la garde-robe ?...
— Appétit ?...
Puis, sans examiner ni les limites, ni la consistance de la tumeur, c'est à peine s'il promène légèrement les doigts pendant quelques secondes sur la surface de la partie malade ; il ajoute :
— Avalez pilules, et vous pas prendre poivre, café, moutarde ni vin.
Parlerai-je d'un instrument qu'il appelle calorimètre, et qu'il a fait bréveter comme devant *éclairer l'auscultation !* Cet instrument, qui n'est autre chose qu'un thermomètre à tige recourbée, est appliqué avec gravité par M. Vriès *la première fois seulement* qu'il interroge le malade.

**

Mais ce n'est pas tout : il possède en outre un petit pinceau à l'aquarelle et une petite soucoupe dans laquelle il laisse tomber une pincée d'une poudre blanche ou jaune ou noire. Il mouille le pinceau, l'imbibe de la poudre et le promène doucement sur les cancers ulcérés, sur de vastes plaies. Eh bien ! savez-vous quelle est cette poudre ? c'est tantôt du sucre de Saturne, tantôt de l'alun, tantôt du nitrate d'argent, poudres bien impuissantes contre le cancer, et qu'il n'était pas besoin non plus d'aller chercher chez les sauvages.

Pour tous les malades, c'est la même cérémonie. Dans les commencements les choses allaient assez bien ; mais au bout d'un mois, lorsqu'on était en droit d'exiger, d'après ses promesses, au moins une légère amélioration chez ses malades, il devint hargneux, colère, emporté, et chercha à faire naître un prétexte pour quitter la Charité. Il nous menaça trois jours de suite d'emmener les malades de l'hôpital et de les conduire dans une maison de santé à lui. Ah ! monsieur Vriès, votre menace est bien maladroite ! qui donc alors pourrait contrôler vos guérisons ou savoir ce que sont devenus vos malades ?

*
* *

Cette objection parut le déconcerter ; il changea ses

batteries et en vint aux insultes et aux menaces envers les personnes qui l'interrogeaient.

Un jour il disait au docteur F...., chirurgien des hôpitaux, qui se montrait peu crédule à l'endroit d'une amélioration : « *Vous être plus bête que mes pieds ;* » ce qui, en vérité, n'était pas du tout flatteur pour le docteur F....

Une autre fois, il disait au même docteur d'un air furieux et menaçant : « Moi parlerai à vous un autre langage. »

Un matin, il s'en prit à un des internes de M. Velpeau et l'apostropha en ces termes :

« Vous être une canaille, vous ennemi à moi, et si
« malades pas guérir, vous en être cause, être res-
« ponsable des symptômes qui arriveront. »

M. Velpeau avait recommandé une réserve absolue envers le docteur noir, pour lui enlever complétement le prétexte d'échapper au dénoûment de son expérimentation. L'invitation du maître fut suivie *scrupuleusement*, et les insolences du pseudo-nègre s'émoussèrent sur des physionomies impassibles.

* *

Un matin cependant, M. Vriès s'élança sur un des

internes en lui disant : « Vous avoir écrit sottises à moi,
« *moi arracher un œil à vous.* »

M. Velpeau l'arrêta et se chargea de répondre :
« Monsieur, vous n'êtes pas dans un pays où l'on arrache impunément les yeux des gens ; si vous avez à vous plaindre de quelqu'un ici, c'est à moi qu'il faut vous adresser et ne pas tenter de vous faire justice à vous-même. Tout le monde a été convenable excepté vous, je vous prie de mettre un terme à vos grossièretés, que je ne supporterai pas plus longtemps. »

M. Vriès avait été trop loin ; partir c'était avouer sa défaite : il resta, le coup était manqué.

*
* *

Il est clair que M. Vriès, qui s'était donné beaucoup de mal pour parvenir à la Charité, n'avait pas l'intention d'étouffer son bonheur entre les quatre murs d'un hôpital ; il eut soin d'en faire part aux journaux, qui se montrèrent on ne peut plus reconnaissants de la communication.

Pour lancer cette heureuse nouvelle, on profita de l'occasion du fameux banquet offert, disent les uns, à M. Sax par ses amis, heureux de célébrer la fin de tous ses procès ; banquet offert, disent les autres, au *docteur* Noir par ses admirateurs. Comme c'est M. Vriès qui donne cette deuxième version, je pense qu'il est prudent de croire à la première. Il y a même une troisième version, encore plus nègre que les autres, où il est dit que ce sont MM. Velpeau et Nélaton qui ont fait les frais de ce banquet!!!

On insinua donc au bon public que M. Velpeau, après avoir *constaté* les guérisons du naturel de Surinam, l'avait *invité à venir soigner ses cancéreux*, et que *deux* des malades en expérimentation étaient DÉJA *en voie de guérison*.

Mais tout cela était parfaitement faux, et mes collègues et moi donnâmes un démenti formel à ces allégations. Nous écrivîmes la lettre suivante insérée dans le *Courrier de Paris* du 21 février.

« Monsieur le rédacteur,

« On lit dans le numéro de votre journal du 19 février, à l'article *faits divers*, les lignes suivantes :

«... Le docteur Velpeau, après s'être persuadé des
« guérisons miraculeuses du docteur Vriès, a prié ce
« dernier de soigner douze malades de la Charité, que
« la Faculté ne croyait guérir que par l'opération. Le
« docteur Vriès a accepté l'offre, et déjà deux de ces
« malades se trouvent en voie de guérison. »

« Pour montrer toute l'étrangeté de ces assertions,

il nous suffira de reproduire textuellement les phrases suivantes de la lettre adressée, par M. Velpeau, au *Moniteur des hôpitaux*, le 3 février 1859 :

« ... J'ai ajouté que, sans nier absolument la possi-
« bilité d'un remède spécifique du cancer, je ne croyais
« cependant pas à l'efficacité de celui de M. Vriès...
« Comme la presse extrascientifique, comme certains
« salons de Paris se sont emparés du médecin noir,
« j'ai dit... : La question est facile à juger ; je réunirai
« à l'hôpital un certain nombre de cancers véritables
« et dûment constatés : M. Vriès les traitera sous mes
« yeux et, s'il les guérit, je serai le premier à le pro-
« clamer ; car nul ne désire plus vivement que moi la
« découverte d'un antidote du cancer ; mais s'il échoue,
« comme tout me porte à le croire, il faudra bien re-
« noncer aussi à vos illusions et avertir le public que
« vous vous étiez trompés.

« Ma proposition a été acceptée, les expériences
« sont commencées depuis jeudi. M. Vriès demande
« plusieurs mois ; elles seront faites avec rigueur et
« impartialité ; mais il me paraît *loyal* et convenable
« de n'en rien dire avant de les avoir suivies jusqu'au
« bout... »

« Vous voyez par là, monsieur, que M. Velpeau n'a jamais été témoin des cures miraculeuses de M. Vriès, et que ce n'est pas par suite de sa conviction qu'il a permis à M. Vriès de venir expérimenter dans son service.

« Deux de nos malades ne sont pas en voie de guérison, comme on vous l'a fait dire. Il est convenable de laisser aller l'expérience jusqu'au bout ; mais puisque l'on en a parlé, il faut pourtant dire que rien jusqu'ici n'autorise à en espérer un bon résultat, et qu'au contraire la plupart de nos malades vont moins bien.

« Recevez, monsieur, l'assurance de notre parfaite considération.

« CH. FAUVEL, JOUON, H. DUBOUÉ, A. DESPRÉS,
« E. GAUTIER, DU DEFAIX,
« Internes en chirurgie à l'hôpital de la Charité. »

* *
*

Cependant, M. Vriès, qui est plein de ressources, avait dans sa gibecière un petit tour très-adroit pour faire croire aux gens du monde que ses malades allaient mieux lorsqu'ils étaient plus mal : c'était de faire dire aux malades qu'ils allaient bien.

Voici la manière d'exécuter ce tour : M. Vriès s'approchait du lit des malades auxquels il a conté cent fois qu'il est leur seule ressource, que seul il peut les guérir, et leur dit en roulant ses gros yeux de manière à ce qu'on n'en voie plus que le blanc :

— Vous aller mieux !

— Hélas! non, monsieur !

— Moi bien sûr que vous aller mieux.

— Non, mon bon monsieur !

— Si vous dire pas mieux, moi plus donner pilules.

Puis il s'en va, laissant le malade bien décidé à se trouver mieux.

Alors, vers les six heures du soir, quand l'hôpital est silencieux et désert, *quelqu'un* s'introduit furtivement dans les salles, tirant après lui des gens du monde qui peut-être ont des cancéreux dans leur famille, et les conduit au lit des malades qui s'empressent en reconnaissant la *personne* de dire qu'elles souffrent un peu moins.

La preuve était concluante, et M. Vriès montrait encore là le bout de son diplôme ! Depuis quand le médecin juge-t-il de la maladie d'après le dire du malade ? N'a-t-on pas vu cent fois le phthisique, une heure avant de mourir, dire à son médecin : Merci, docteur, je me sens mieux !...

Mais la mèche est éventée, et M. Velpeau a consigné les étrangers à la porte de l'hôpital, excepté à l'heure officielle de la visite où tout le monde est admis.

* *

Il est temps d'aborder les faits. Commençons par ce qui s'est passé à Londres.

La lettre de M. Weeden Cooke va nous l'apprendre.

Voici la traduction qu'en donne M. Giraldès dans le *Moniteur des hôpitaux* du 3 mars 1859 :

« Mon cher collègue,

« Le carnaval et le docteur noir sont pour le moment les deux objets en vogue. Permettez-moi donc de vous envoyer la traduction d'une lettre insérée dans le numéro du journal *The Lancet* du 19 février 1859. Cette épître pourra servir de léger correctif à un article publié dans l'*Illustration* de samedi, sur le fameux personnage noir :

« *La guérison du cancer à Paris* (note de M. Weeden Cooke pour l'éditeur *of The Lancet*).

« Monsieur,

« Il y a près de six ou sept ans (et non pas six ou
« sept mois, comme le dit la lettre par une erreur de
« traduction) que le docteur Vriès arriva à Londres,
« venant d'une des îles du West-India, où il avait pra-
« tiqué la médecine plus ou moins légalement, comme
« cela a lieu dans ces contrées ; il vint à l'hôpital des

« Cancéreux, et demanda la permission d'employer
« son traitement à la guérison de quelques malades.
« Ses assertions de réussite ne manquaient ni *d'a-*
« *plomb* ni de *fanfaronnade.*

« Après quelques façons, il consentit à révéler la
« nature du remède qu'il se proposait d'employer. On
« lui confia dès lors *six* malades.

« Je n'ai pas besoin de dire que non-seulement il n'a
« guéri aucun d'eux, mais, autant que ma mémoire
« m'est fidèle, il n'a même obtenu aucune améliora-
« tion. Depuis lors, je n'ai plus entendu parler de lui
« à Londres, et je m'aperçois qu'il se trouve pour le
« moment à Paris. D'après son dire, ses moyens les
« plus efficaces étaient l'emploi de feuilles d'aloès ma-
« cérées dans du rhum, données à l'intérieur, et comme
« application topique sur les parties ulcérées, de la
« poudre de camphre mêlée avec de l'aroout. En ou-
« tre, il comprimait les cancers non ulcérés, et, je
« pense, donnait aussi quelques pilules d'iode.

« J'ajouterai que, comme dans le cas du gentleman
« de Paris, il assurait toujours devoir obtenir la guéri-
« son du malade.

« WEEDEN COOKE,
« Chirurgien de l'hôpital des cancéreux.

« Recevez, cher collègue, etc.

« GIRALDÈS. »

***

Pour échapper aux conséquences de ses insuccès à Londres, M. Vriès vient chercher fortune à Paris; il se rend à l'hôpital Saint-Louis, s'adresse à M. Bazin, lui raconte l'histoire de ses médicaments sauvages et obtient quelques malades. Que se passe-t-il alors? La lettre de M. Deffis, adressée au rédacteur du *Moniteur des hôpitaux*, le 8 février, va nous édifier sur ce point.

« Monsieur le rédacteur,

« Depuis quelque temps la presse, en général, fait grand bruit d'une guérison miraculeuse sortie de la fiole enchantée du médecin noir, qui, l'un et l'autre, sont venus du fond d'un pays sauvage d'Amérique.

« De tant de bruit, que restera-t-il?

« Hélas! pour la science, il ne restera malheureusement rien.

« Pour un certain public, il restera le médecin noir, qui, pour ce public, sera toujours un grand médecin, comme ce fameux marchand de vin de la rue Saint-Martin sera toujours aussi, pour ce même public, un grand guérisseur de panaris.

« M. Velpeau, ému de cet immense retentissement, vient de soumettre, pour dégager la science qui est mal à l'aise dans la bouteille de M. Vriès, quelques cancéreux à la médication qui a rendu la vie et la santé à M. Sax.

« Permettez-moi, monsieur le rédacteur, de devancer la publication des résultats qu'on attend à l'hôpital de la Charité, et de faire connaître à vos lecteurs les résultats obtenus déjà, par ce même médecin noir, à l'hôpital Saint-Louis, pendant l'année 1855, et en dehors de cet hôpital.

*
* *

« M. Vriès, avec cette assurance qui lui est propre, vint trouver M. Bazin et lui déclara qu'il guérissait rapidement, avec un médicament dont il avait reconnu l'efficacité chez quelques peuplades sauvages d'Amérique, l'éléphantiasis, le lupus, la phthisie pulmonaire (n'importe à quel degré), le cancer, etc., etc. C'était beaucoup pour la même bouteille ; cependant, M. Bazin, mû par les mêmes sentiments qui font agir, actuellement, M. Velpeau, consentit à donner quelques malades de choix au médecin noir, qui les accepta et qui promit leur guérison. L'expérimentation dura toute l'année ; et, à fin de compte, les résultats furent *constamment négatifs*.

« Il n'y avait pas de cancer au pavillon Saint-Matthieu et le médecin noir en voulait, disant que c'était surtout contre cette maladie que sa teinture exotique était souveraine. Je pris l'engagement de lui en procurer en dehors de l'hôpital.

* *
*

« Dans le courant d'octobre 1855, je conduisis le médecin noir chez madame Boulanger, chaussée de Ménilmontant, n° 17; cette dame portait un cancer ulcéré du sein droit; la médecine et la chirurgie l'ayant abandonnée, elle n'hésita pas à se confier aux soins de M. Vriès, qui lui promettait une guérison radicale... Quelques mois après, madame Boulanger mourait de son cancer.

* *
*

« A la même époque, il y avait, comme pensionnaire, dans la maison que j'habitais, rue de Ménilmontant, une dame Foucault portant une petite tumeur squirrheuse, également au sein droit; cette dame, qui était souffrante depuis longtemps et qu'on traitait de malade imaginaire, ayant entendu parler des succès du médecin noir dans les maladies incurables, désira le voir; satisfaction lui fut donnée; elle quitta la pension, rentra chez elle, rue de Paris, n° 161, à Belleville, confiante et croyant à une guérison promise comme à madame Boulanger. Plusieurs mois s'écoulèrent. Enfin, à bout de ressources et n'allant pas mieux, madame Foucault entra à l'hôpital Saint-Louis, où elle mourut de son cancer.

*
* *

« Déjà quelque temps avant, M. Bazin avait abandonné à M. Vriès une femme de la campagne qui venait le consulter chez lui pour une tumeur cancéreuse du sein ; comme à madame Boulanger et à madame Foucault, le médecin noir avait promis la guérison. Plus tard, M. Bazin apprit la mort de cette femme.

« Ces faits, que je livre sans commentaires, viennent à l'appui des doutes conçus et des sages réserves faites par M. Velpeau, en acceptant l'expérimentation du médecin noir.

« Je tiens en réserve et, au besoin, je fournirai d'autres données touchant les exploits du médecin noir, ce héros du jour, ce lion du moment, comme dit le journal *la Patrie*.

« Agréez, etc.

« Deffis.

» 8 février 1859. »

*
* *

Nous arrivons maintenant à la Charité.

Voyons où en sont les guérisons aujourd'hui, 12 mars; la plupart des malades sont en traitement depuis le 28 janvier, les autres depuis le 1ᵉʳ février.

Nous donnerons peu de détails, car notre savant maître se réserve le droit de publier les observations *in extenso*, et si nous traçons ici quelques lignes sur l'état des malades, c'est pour bien démontrer qu'*aucun* n'est en voie de guérison ; chez tous, la maladie suit sa marche progressive, tantôt lente, tantôt rapide.

M. Vriès a accepté dix malades couchés à la salle Sainte-Catherine et un à la salle Sainte-Vierge.

Les dix femmes sont aux numéros 23, 24, 25, 26, 27, 28, 29, 30, 31 et 32.

* *

Les quatre premières ont été regardées par M. Vriès comme des cas en dehors de son expérimentation officielle, et ce n'est que pour les six autres et pour le malade de la salle Sainte-Catherine qu'il prétend démontrer l'*efficacité* de son traitement.

Pour quelles raisons n'a-t-il pas été aussi affirmatif au sujet de la guérison de ces quatre malades, s'il possède vraiment l'antidote du cancer ? Est-ce à cause de leur âge, du siége de leur cancer ?

C'est ce que nous laissons à juger en exposant ici très-succinctement l'état des malades de la salle Sainte-Catherine.

*
* *

N° 23. — Victoire Goussard, quarante-sept ans, cancer du rectum, entrée le 9 février. D'une bonne constitution... malade pour la 1ʳᵉ fois il y a un an... dit qu'elle souffre moins. Elle est dans la même position qu'à son entrée à l'hôpital.

*
* *

N° 24. — Pierrette Damoreau, soixante-deux ans, cancer du pli de l'aine à droite.

Nous comprenons pourquoi M. Vriès n'avait pas promis d'une manière aussi *explicite* la guérison de cette pauvre femme, car elle était dans un état de maigreur et de débilité extrêmes. Elle est morte au huitième jour de traitement.

*
* *

N° 25. — Françoise Favry, soixante-quatre ans, entrée le 5 février. Petite tumeur cancéreuse ulcérée du sein (squirrhe); malade depuis un an, d'une bonne constitution générale... se trouve aujourd'hui dans le même état (tout le monde sait que la marche du squirrhe est lente).

*
* *

N° 26. — Catherine Maronne, quarante-quatre ans, entrée le 4 février. Cancer de l'œil droit et de la parotide droite.... dit qu'elle souffre moins.... La tumeur parotidienne a beaucoup augmenté.

*
* *

N° 27. — Marie-Jeanne Serie, soixante-trois ans, entrée le 4 février. D'une bonne constitution. Cancer du sein gauche (encéphaloïde lardacé). Début de la tumeur au mois d'avril 1858.... Souffre *horriblement*, se trouve beaucoup plus malade qu'à son entrée à l'hôpital. Ici la marche naturelle de la maladie est beaucoup plus rapide, aussi la tumeur est-elle doublée de volume, la peau qui la recouvre et devenue rouge, tendant à s'ulcérer.

*
* *

N° 28. — Hyacinthe Ruffié, 32 ans, entrée le 31 janvier. Tumeurs solides du ventre, tumeurs fibreuses, l'une dans l'hypochondre gauche, l'autre dans l'hypogastre à droite.

Début de la tumeur il y a quatorze mois; se plaint de *vives* douleurs. Il est impossible de comprimer la tumeur sans faire souffrir beaucoup la malade, qui ne peut plus se plier aujourd'hui, et accuse une oppression très-grande.

*
* *

N° 29. — Catherine Kekinger, 57 ans, entrée le 1ᵉʳ février. Cancer du sein droit, n'occupant le 1ᵉʳ février que le sein et ayant à peine retenti dans les ganglions de l'aisselle du même côté. La maladie a débuté il y a un an. Aujourd'hui le cou est tuméfié, les ganglions cervicaux sont pris, toute l'épaule est douloureuse, et le bras est devenu énorme; la paume de la main droite, au lieu d'être creuse, est en bosse, et les doigts déformés ne peuvent plus se plier. La malade accuse des douleurs intolérables, elle ne peut dormir; elle fait, dit-elle, la navette du tisserand, c'est-à-dire se lève et se couche à chaque minute, ne sachant quelle position garder pour moins souffrir.

*
* *

N° 30. — Isoline Deciry, 32 ans, entrée le 20 décembre, mais n'a commencé le traitement de M. Vriès que le 28 janvier.

Tumeur fibro-cartilagineuse du cou à gauche, enchondrome. Début il y a cinq ans. Cette tumeur, dont la marche est naturellement lente, a gagné l'épaule et descend dans la poitrine. Depuis le 28 février elle a peu grossi, mais elle a gagné du côté de la poitrine; la respiration est devenue plus difficile, les douleurs sont les mêmes.

* *
*

N° 31. — Catherine Chauvey, 41 ans, entrée le 26 janvier. Tumeur cancéreuse du sein gauche. Début remontant à huit mois. Ici encore la maladie suit sa marche progressive; le sein a augmenté de volume, les ganglions de l'aisselle également, et la peau du voisinage commence à devenir malade. Un nombre considérable de petites pustules se développent autour du sein; les douleurs sont aujourd'hui les mêmes.

N° 32. — Marie Sylvain, 37 ans, en traitement depuis le 28 janvier. Cancer du sein gauche; malade depuis un an.

La tumeur a augmenté de volume graduellement; les douleurs sont moins vives, dit la malade. — C'est une mulâtresse qui paraît avoir grande confiance dans les pilules du docteur noir, confiance que je me garderai bien d'ébranler, car tous les jours je lui dis, ainsi qu'aux autres malades, que tout est pour le mieux et qu'avec le temps elles verront certainement arriver la guérison si ardemment désirée.

*
* *

Salle Sainte-Vierge, n° 51. — Étienne Verdez, soixante-seize ans. Cancer de la région parotidienne droite. Ayant débuté il y a six mois..... se trouve aujourd'hui dans le même état.....

*
* *

Nous regrettons de ne pouvoir détailler l'observation de chaque malade. Nous en avons dit plus haut les raisons. Mais cette courte exposition suffira, j'espère, pour prouver que les fameuses pilules n'ont amléioré la position d'aucun des malades.

Le docteur noir prétend qu'il va retourner à Java pour y renouveler sa provision de simples ! Quel voyage inutile ! En trouvera-t-il jamais là-bas autant qu'à Paris !!

CONCLUSION

Voilà la vérité tout entière sur le DOCTEUR NOIR. La réclame lui a tressé des couronnes, érigé des arcs de triomphe ; la foule s'est précipitée vers lui en s'écriant : Grand docteur, guéris-nous, au lieu de dire : montrenous ceux que tu as guéris.

Enfin on l'a présenté à la badauderie parisienne comme le lion de la saison! Oh! non, *docteur noir*, vous n'êtes pas un *lion*.

Le lion ne vit pas de cadavres!!

Paris. — Imprimerie Cosson et Comp., rue du Four-Saint-Germain, 13.

www.ingramcontent.com/pod-product-compliance
Lightning Source LLC
LaVergne TN
LVHW022128080426
835511LV00007B/1077